Das Buch
Biotop für Bekloppte ist ein sensationeller Kabaretterfolg. Nun haben Jürgen Becker und Martin Stankowski daraus ein Buch gemacht. Sie erzählen alte Geschichten ganz neu, greifen aktuelle Aspekte auf und schildern völlig unbekannte Episoden kölschen Klüngels. Aus ihren Storys über Knochen, Klerus und Köbismus ist ein unterhaltsames Lesebuch über Köln und die Welt geworden – und eine außergewöhnliche Geschichtstour durch ein liebenswertes Biotop für Bekloppte.

Die Autoren
Jürgen Becker, geboren 1959, moderiert seit 1992 die Kabarettsendung *Mitternachtsspitzen* und reist für die Fernsehsendung *Becker, der Entdecker* durch die Republik. 2006 erhielt er den Prix Pantheon für sein Lebenswerk. Er ist Autor zahlreicher Bestseller, zuletzt erschien von ihm *Dalí, Dalí. Mit Jürgen Becker durch die Kunstgeschichte* (KiWi 1318).

Martin Stankowski, Jahrgang 1944, arbeitet als Publizist, Geschichtenerzähler und Rundfunkautor in Köln. Für seine Arbeit wurde er vielfach ausgezeichnet. Er ist Autor und Herausgeber zahlreicher Bücher, zuletzt erschien von ihm (gemeinsam mit Jürgen Becker und Dietmar Jacobs) *Der dritte Bildungsweg. Halbwissen leicht gemacht* (KiWi 1215).

Jürgen Becker, Martin Stankowski

BIOTOP FÜR BEKLOPPTE

Ein Lesebuch für Immis und Heimathirsche

Mit Illustrationen von papan
und Fotos von Manfred Linke

Kiepenheuer & Witsch

Keine »Literatur«,
sondern
das gesprochene Wort
aufgeschrieben,
weil ja im Programm
alles
immer so schnell
geht.

J. B.

Verlag Kiepenheuer & Witsch, FSC®-N001512

Herausgegeben von Rainer Osnowski

8. Auflage 2014

© 1995 by Verlag Kiepenheuer & Witsch, Köln
Alle Rechte vorbehalten. Kein Teil des Werkes
darf in irgendeiner Form (durch Fotografie, Mikrofilm
oder ein anderes Verfahren) ohne schriftliche Genehmigung
des Verlages reproduziert oder unter Verwendung
elektronischer Systeme verarbeitet, vervielfältigt
oder verbreitet werden.
Umschlaggestaltung: CCCP, Köln
Umschlagfoto: © Manfred Linke, Köln
Druck und Bindung: CPI books GmbH, Leck
ISBN 978-3-462-02423-4

Inhalt

In unserm Veedel *9*

Der Jeck ist im Verein am schönsten *13*

Die Welt-Vereinsordnung *17*

Der Kölner Urmix *23*

Ohne Männer besser dran – Agrippina *27*

Ohne Männer besser dran – die Heilige Ursula *33*

Kölsche Chirurgie *47*

Der Heimwerker-Hirsch *52*

Der klerikale Knochen-Klau *57*

Die Kirche gegenüber von McDonald's *61*

Der Köbismus *68*

Ausländerfeindlichkeit – oder: Skifahren in der Sahara *73*

Ein Tritt in den Arsch auf französisch *76*

Der Heimathirsch und die Nazizeit *80*

Fringsen *87*

Heimat – stationär oder ambulant? *88*

Klerus – Knochen – Klüngel *92*

Tünnes *95*

Die Züge des Lebens werden wieder schön *97*

Zur Aushilfe *101*

In unserm Veedel

»Change la vie – change la ville«,
sagt der Franzose,
willst du das Leben verändern,
mußt du die Stadt verändern.

Also,
machen wir heute mal Stadtkabarett,
Kabarett über die Stadt
und zwar am Beispiel von Düsseldorf.

!?

Gut, dann eben Köln.

*Die 2 Elemente, das obligatorische Kölschglas
hat er schon ausgetrunken.*

Also Köln im weitesten Sinne,
Köln und die Welt, möcht ich sagen.
Jetzt fragen Sie sich sicherlich:
Warum hat der diese Sachen hier an,
noch nach Aschermittwoch?

Das kann ich Ihnen sagen,
das sind die drei Grundelemente der Domstadt:
Karneval – Kirche – Kölsch.

Fangen wir mit dem ersten Element an:
Prost zusammen!
So das hätten wir schon mal.

Jetzt kommen wir zu Kirche und Karneval,
wobei wir zu Beginn des Abends
zunächst eine Frage klären sollten,
die in der langen Geschichte
des rheinischen Frohsinns
immer wieder zu Spannungen geführt hat:

Ist der Karneval,
wie wir ihn kennen,
vom Ursprung her
eher ein heidnisches
oder ein christliches Fest?

Für die These,
daß er ein heidnisches Fest ist,
sprechen Funde wie das bandkeramische Dorf
bei Köln-Lindenthal, 2.500 v. Chr.
Was wir hier auf einer Abbildung
aus dem Geschichtsbuch sehen,
ist quasi das erste Veedel.

Den Begriff Veedel kennen Sie,
da müssen also mindestens
noch drei andere existiert haben.
Das ist Bruchrechnen.
Vier Veedel sind ein Ganzes.

Wie auf der Zeichnung unschwer zu erkennen ist,
standen damals schon jede Menge Bierzelte herum,

da ist also scheinbar
schon kräftig gefeiert worden.

Das bandkeramische Dorf
ist ja benannt nach den Tongefäßen,
die man dort gefunden hat.

Die hatten ja damals noch keine Geschäfte,
haben also alles selber gemacht,
in Workshops,
und schon damals wollten die,
daß ihre Sachen schön aussehen,
das Design bestimmt das Bewußtsein,
und so haben die dann
so bandkeramische Verzierungen da reingeritzt
und danach hat man die dann später benannt.

Daraus entstanden dann auch
die ersten bandkeramischen Luftschlangen,
die in diesen Bierzelten zum Einsatz kamen.

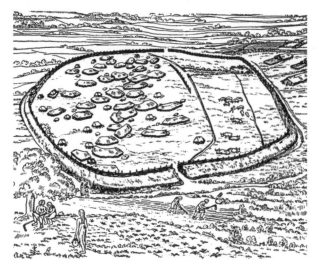

Das bandkeramische Dorf bei Köln-Lindenthal

(Versuch einer Rekonstruktion.) Die Darstellung der Wohnbauten innerhalb des Grabenringes entspricht nicht den neuen Erkenntnissen. Es waren keine nierenförmig gebogenen, sondern rechteckige Hütten.

Die waren allerdings noch wenig ausgereift,
brachen dauernd ab,
und daraus entstand dann das erste Ton-Konfetti.
Alaaf! (Wirft Hydrokultur-Kügelchen ins Publikum.)

Wenn Sie das bitte wieder einsammeln würden,
schließlich sind das prähistorische Funde
(aus dem Gartencenter Köln-Vogelsang).
Hydrokulturkonfetti.

Also lassen Sie die ruhig liegen,
ich wische hier hinterher einmal feucht durch.

Jedenfalls finden wir
in der langen Geschichte des Karnevals
viele heidnisch-radikal-anarchistische Elemente.
Die stehen natürlich teilweise im Widerspruch
zur herrschenden Amtskirche,
nicht aber im Widerspruch
zum rheinischen Katholizismus.
Ich kann Ihnen das im nächsten Kapitel mal erklären.

Der Jeck ist im Verein am schönsten

Der älteste Karnevalsverein
war ja die KG Fidele Apöstelcher.

Präsident war ein gewisser Jesus von Nazareth.
Dieser Verein führte schon damals
diverse Herrensitzungen durch,
am bekanntesten ist wahrscheinlich das Abendmahl.

Der Name rührt daher,
daß der Präsident
die Sitzung eröffnete mit den Worten:
»Ja, dann sagen wir erst mal
allen guten Abend mal im Saal ...«

An der Sitzung
nahmen noch zwölf weitere Herren teil.
Einer von ihnen ist allerdings
mit der Vereinskasse durchgebrannt

und war im Sinne der Vereinssatzung ein Verräter.
So wurde er ausgeschlossen,
es blieben elf übrig,
und daraus entstand dann der Elferrat.

Ebenfalls aus dieser Zeit
stammt der sogenannte Weinzwang.
Sie wissen ja,
in vielen großen Karnevalssälen,
wie zum Beispiel im Gürzenich,
gibt es bis heute kein Bier,
da herrscht Weinzwang.

Also nicht,
weil's da nichts zu Lachen gibt,
das ist ja nicht witzig,
was die machen,
sondern wegen dem zwanghaften Wein.

Das soll noch von damals herrühren,
da der Präsident damals
in der Lage gewesen sein soll,
den Wein sehr preiswert aus Wasser herzustellen,
so daß niemand teures Bier
mit in die Sitzung brachte.

Das war überhaupt ein guter Präsident.
Wenn zum Beispiel am nächsten Morgen
die Leute mit einem Kater in der Ecke lagen,
und kühmten:

»Och, Herr Präsident,
isch han sunne decke Kopp,
isch kann nit mieh met om Zoch jon,
isch kann ja nit mieh loufe!«,
dann ist der hingegangen,
hat die Hand auf die Schulter gelegt und gesagt:
»Mein lieber Freund,
du kannst wieder gehn!«
Und dann konnten die alle wieder zum Zug gehn,
da waren die wieder fit.
Da konnten die wieder laufen.

Das macht man heute mit Aspirin.
Das kommt im Grunde aufs selbe raus.
Deshalb hat ja auch die Firma in Leverkusen,
die das herstellt,
so ein Kreuz als Zeichen.

Von den Ur-Karnevalisten
der KG Fidele Apöstelcher

bis heute hat sich natürlich einiges getan.
Zum Beispiel vermißt man heute
die hohe Qualität
der damaligen Wortbeiträge und Darbietungen.
Die wurden ja in alle Sprachen übersetzt
und als Buch weltweit zum Bestseller.
Das kann man von den heutigen Büttenreden
kaum noch erwarten.

Dafür hat sich
auf tänzerischem Gebiet viel getan.
Zwar wurde das damalige Mariechen
auch sehr verehrt,
schließlich war sie ja die Mutter des Präsidenten,
tanzen jedoch konnte sie
nicht im entferntesten so kühn,
wie wir es heute kennen.

So sprachen viele zu ihr:
»Maria, bitte für uns!«
Aber niemand wagte zu sagen:
»Opjepaß – Mariechen danz!«

Die Welt-Vereinsordnung

Nun hat sich ja der Präsident
bekanntermaßen in der Vereinsarbeit ganz aufgeopfert,
und so rief er seinen Elferrat zu sich und sprach:

»Ich gehe von euch,
ich sag noch nicht wie,
ich will es mal umschreiben,
ich werde befördert.
Jetzt macht ihr folgendes:
Ziehet hinaus in alle Welt,
und verkündet meine Proklamation.
Erzählt von unserm Funkemariechen,
dann springt der Funke schon über,
und das nennen wir dann ›Der heilige Geist‹.
Ziehet hinaus in alle Festsäle,
Bierzelte und Mehrzweckhallen dieser Welt
und gründet Karnevalsvereine!«

Und so zog die KG Fidele Apöstelcher los,
der Paul nach Korinth,
der Pitter nach Rom,
der Tommy nach Addis Abeba usw.

Der Jakobus,
oder Köbes,
wie man in Köln sagt,
ging nach Spanien.
Nach ihm ist ja dort eine Stadt benannt:
»Santiago de Compostela«.

Santiago heißt Sankt Jakob.
Der Heilige Jakobus ist da,
ich will jetzt nicht sagen kompostiert worden,
aber die haben da seine Reliquien,
die Knöchelchen.

Als jetzt die Abgesandten,
die Nachfolgegenerationen des Elferrates,

dort hin kamen,
war Spanien natürlich nicht leer.
Da waren schon welche,
in diesem Fall konkret die Araber.

Die wollten jetzt aber partout nicht
in den Karnevalsverein eintreten,
das sahen die gar nicht ein,
das war dem Araber zu blöd,
mit den Karnevalsjecken,
geschweige denn das Funkemariechen verehren.
Denn die hatten ja die Vielweiberei.
Die hatten ja viele Mariechen.
Das ergab für die damals alles überhaupt keinen Sinn.

Und da,
muß man sagen,
waren die Karnevalisten
damals ausgesprochen hart drauf,
also der Satz:
»Jede Jeck es anders!«
kam da so nicht zum Tragen.

Die riefen:
»Wolle mer se russ loße?«
und vertrieben die Araber nach dem Motto:
»Willst du nicht in meinen Verein,
schlag ich dir den Turban ein.«
Das war nicht nur in Spanien so,
sondern auch in Palästina, Syrien, Libanon,
mein lieber Mann!

Die Nachfolgegesellschaften
der KG Fidele Apöstelcher
zogen durch die Welt
und sagten sich:
»Unser Präsident hatte es am Kreuz,
der hat gelitten,
also sollen andere auch leiden.
Wir machen ihm zu Ehren einen Zug,
einen sogenannten Kreuz-Zug.«

Jetzt ist da,
wie wir wissen,
der ein oder andere bei tot geblieben.
So dachten sich die Karnevalsgesellschaften:
»Man kann nichts mit ins Grab nehmen,
also nehmen wir die schönen Sachen
alle mit nach Haus.«

Auf diese Weise kam schon ordentlich was zusammen.
Da sind die recht reich bei geworden,
und das alles haben die Araber
bis heute nicht verziehen.

Verständlicherweise
wollten die mit den Karnevalisten
nichts mehr zu tun haben.
Das merkt man heute noch:
Der Araber kennt keinen Karneval,
trinkt nicht, schunkelt nicht,
kennt auch in dem Sinne kein Vereinsrecht.

Der Araber ist bis heute völlig anders drauf,
die haben in erster Linie Einzelpräsidenten.
Und wenn heute dieser alte Konflikt
wieder aufbricht,
wie zuletzt im Golfkrieg,
Morgenland – Abendland,
dann fällt bei uns der Karneval aus.
Das sind die Zusammenhänge.

Aber jetzt zurück
zu den Karnevalsgesellschaften.
Die waren weiter auf dem Vormarsch,
beispielsweise die KG Löstige Portugieser
mit dem Kolumbus Christoph,
Gerard Depardieu.
Der machte mit seinem Narrenschiff
über den großen Teich
und entdeckte weiteres Terrain.

Jetzt passierte wieder das gleiche
wie seinerzeit mit den Arabern:

Da kamen später die anderen hinterher,
und riefen:
»Wunderbar,
ein neues Vereins-Terrain!
Ihr Jecken mit dem Indianer-Kostüm,
macht, daß ihr wegkommt!
Wir spielen hier jetzt Cowboy.«

Da ist ja dann wieder so mancher bei tot geblieben,
und aus diesem Vereinsgelände
entstanden dann später die Vereins-Staaten,
also die Vereinigten Staaten.
Und diese gründeten dann gemeinsam
mit den europäischen Karnevals-Vereinen
weltweit kleine Vereine,
Niederlassungen,
Kolonien, Kolonialismus.

Diese kleinen Vereine,
also so klein sind die gar nicht,
das ist ja die heutige Dritte Welt,
also dreiviertel der Welt,
die sollten den Reichtum der großen Gesellschaften
hier bei uns fördern und mehren,
damit wir uns die Kamelle,

Strüssjer und Prunkwagen –
das ganze Wurfmaterial
und all der schöne Überfluß des Karnevals
muß ja irgendwo herkommen –
das alles auch erlauben können.

Und so ist es im Grunde bis heute geblieben!
Jetzt haben die davon mittlerweile soviel Schulden,
daß die permanent nur an uns am bezahlen sind.

Ob unser Freund,
der erste Karnevals-Präsident,
das damals so gewollt hat,
wissen wir nicht.
Aber wie das im Leben so ist:
Man denkt sich etwas aus,
und hinterher
ist dann doch was ganz anderes draus geworden.

Aber wenn die Kirchen heute manchmal etwas pathetisch
von der Kraft Seiner Liebe sprechen,
muß man sich doch auch mal ganz nüchtern fragen:
Woher kommt denn die Kraft, die Power,
beispielsweise der Kölnerinnen und Kölner,
zwischen Weiberfastnacht und Aschermittwoch
sieben Tage durchzumachen,
Tanzen-Lachen-Vögeln-Singen-Schmusen-Trinken-Schwitzen-
Ohnekaumzuschlafen?

Da zitiere ich nur Nick Berk
aus der Volksgartenstraße:
»Alles, was der Jeck tut,
tut auch das Kind im Mutterleib:
Es säuft ununterbrochen,
es schunkelt ununterbrochen,
es ist permanent am feiern!«
So kann man sich das erklären.

Jetzt stellt sich also gar nicht mehr die Frage,
ob der Karneval vom Ursprung her
eher ein heidnisches oder ein christliches Fest ist,
man kann es vielmehr umgekehrt sehen:
Das Christentum ist vom Ursprung her karnevalistisch!

Und daraus ist dann
der rheinische Katholizismus entstanden,
der in Köln wiederum besonders heidnisch ist.

Das zeigt sich in der Stadtgeschichte
an einem zwar liebevollen,
aber respektlosen Umgang mit allen heiligen Dingen,
und darin liegt der Schlüssel
zu dem historischen Weg,
den wir jetzt einmal abschreiten wollen:
Einen Weg durch die Geschichte des christlichen Abendlandes
am Beispiel einer Stadt,
durch Knochen, Klerus, Kappes, Kappen und Klüngel,
bis hinein in die heutige Zeit,
ins Biotop für Bekloppte.

Herzlich Willkommen!

Der Kölner Urmix

Apropos Biotop für Bekloppte:
Das wurde ja wieder deutlich,
als sich im Rheinpark neulich
die Kölner Stämme getroffen haben.

Ich weiß nicht,
ob Sie selber da waren,
vielleicht haben Sie es auch in Prisma gelesen,
das sind diese animalischen Kölner Karnevalsvereine.
Poller Nejerköpp, Römergarde,
Nippeser Kannibalen, Hunnenhorde e.V.,
1.500 Protagonisten der Kölner Volksseele
auf dem Weg zum Primaten mit Vereinssatzung.

Attila als Kassenwart,
Schriftführer Sigurd der Schamane.

Ich sag immer,
um die Bekloppten
müssen wir uns keine Sorgen machen,
die Normalen sind das Problem.

Jedenfalls,
das Interessante ist,
diese Stämme waren in der Geschichte der Stadt
fast alle einmal hier.

In der Epoche zum Beispiel,
als sich weit im Süden
die KG Fidele Apöstelcher gründete,
wohnten hier noch die Vorläufer
dieser ganzen animalischen Vereine,
also Kelten- und Germanenstämme,
in unserem Fall ganz konkret
die Eburonen.
Jetzt kamen ja 55 vor Christus
die Römer an den Rhein,
was den Eburonen gar nicht recht war.
Die haben sofort 15 Kohorten
von denen niedergemetzelt.
Daraufhin sagte der Cäsar:
»Wat ist denn da oben am Rhein los?
So jeht dat nit.
Liebe Eburonen,
es tut mir furchtbar leid,
ich muß euch jetzt erst mal ganz unverbindlich ausrotten!«

Heut lacht mer drüber,
aber damals war das für die Eburonen nicht schön.
Das liegt ja nicht jedem.

Das haben aber jetzt die Ubier mitgekriegt –
die wohnten nämlich drüben
auf der schääl Sick bei Troisdorf –
die haben das Ganze beobachtet
und dachten am Ende des Gemetzels:
»Mit den Römern muß man wohl anders umgehn,

die Eburonen haben da scheinbar was falsch gemacht.
Wir paddeln mal rüber und reden mit denen,
schließlich sind ja jetzt
die ganzen Eigentumswohnungen der Eburonen frei,
vielleicht können wir ja da rein.«

Da sind die dann mi'm Bötchen rüber und haben gerufen:
»Ey, Römer, nit schießen, wir kommen nur so.«
Die hatten dann auch was zum Handeln dabei
und haben mal so ganz unverfänglich gefragt:
»Sat ens, Römers,
wat maht er dann jetzt he su allein?
Wat hat er dann jetzt esu vür?«
»Jo«, sät dä Römer,
»dat weiß ich och nit.
Wolle mer mal gucken,
wat et jit.«
»Ja«, sät dä Ubier,
»hadder dann alles dabei,
oder bruchter noh jet?
Isch han he ens en Vaas metjebraat.
Mach ich üch jet billijer,
sachemer mal de Hälfte.«

Das hat er natürlich vorher draufgeschlagen.
Ist klar.
Jedenfalls sind die sich insgesamt handelseinig geworden.
Obwohl der Römer an und für sich
der Feind der Germanen war,
haben die Ubier sofort mit denen gemaggelt,
kollaboriert,
wie man so schön sagt,
sie sind ins Geschäft gekommen
und haben dann ihren restlichen Stammesgenossen
auf der schäl Sick zugerufen:
»Kommt all rüber,
ist jut hier.«

Die Ubier haben mit dem Römer gemeinsame Sache gemacht
und sich dann da angesiedelt.
Es gab ja südlich von Köln das sogenannte
»Oppidum Ubiorum«,

zu deutsch »Das dubiose Ubierdorf«.
Und aus den Ubiern und den Römern,
daraus ist dann letztendlich Köln entstanden,
das ist der Kölner Urmix.

Denn man muß ja bedenken:
Die Römer,
das waren ja fast alles Soldaten.
Die hatten ja kaum Frauen dabei.
Gar keine wahrscheinlich.
Und da fanden die natürlich dann auch die Ubierinnen
interessant.
In den schönen Fellkleidchen.
War ja auch nicht überall Fell.
Und so haben die sich dann gegenseitig aufgeheiratet.

Die Römer wiederum
kamen ja auch nicht alle aus Rom.
Heinrich Böll sagte zwar:
»Köln ist die südlichste Stadt des Ruhrgebiets
und die nördlichste Stadt Italiens«,
aber der Römer kam ja nicht nur aus Rom,
das können Sie sich ja ausrechnen,
so viele, wie das waren, die können
ja nicht alle in einer Stadt gewohnt haben.

Das waren zwar Italiener,
aber auch Spanier,
Afrikaner,
das römische Reich war ja groß damals,
sogar Asiaten.
In jedem von uns
steckt auch ein vorderer Asiate.
Auch wenn Sie ganz hinten sitzen,
das ist egal.
Und dann noch die Ubier dazu,
Sie sehen also,
was für ein multikulturelles Gebräu wir sind.
Wenn einer meint,
»Ausländer raus«,
dann wäre Köln völlig leer,
dann wohnte hier kein Mensch mehr.

Ohne Männer besser dran – Agrippina

Als sich die Ubier und die Römer
hier zum Kölner Urmix vermischten,
war das natürlich
noch nicht direkt eine Stadt,
sondern mehr so'n Campingplatz.
Also was die Römer angeht,
so ein befestigtes Militärcamp
mit Kasernen, Depots usw.

Und der damalige Platzwart
war der Kommandant Agrippa.

Der berühmte Feldherr Agrippa,
der war hier Platzwart auf dem Campingplatz,
und dem gefiel es hier am Rhein so gut,
der hat sich gedacht:
»Ich geh nach meiner Pensionierung
nicht wieder zurück nach Rom,
ich bleibe hier am Rhein
und gründe hier ein Fitneß-Center für alte Soldaten.«

Das hat er auch tatsächlich gemacht.
Direkt da, wo heute Groß St. Martin ist,
da sind die Fundamente gefunden worden.
So 'n richtiges römisches Dampfbad.
Mit Wassertreten, Fangopackung,
Sauna, Dampfbad, Massage, Masseuse,
Friteuse, Friseuse, Kraftraum und Bauzaun.

Da hängen doch immer so Plakate:
»Willst du fit sein, stark und schöner,
raff dich auf und geh zu Blömer.«
Damals wahrscheinlich:
»Hast du Tatterich und Tripper,
raff dich auf, komm zu Agrippa.«
Wahrscheinlich so wie beim »brunge Jupp im Saunaclub«:
»Kütt terek dä Superschuß
un hilft mir us d'r Botz erus«.

Und in diesem Fitneß-Center für alte Soldaten
kam jetzt die Enkeltochter Agrippas zur Welt:
der damals jüngste Sproß im Agrippa-Clan,
die Agrippina,
genannt Agrippina die Jüngere.

Die ist nun zwischen
Sauna, Solarium und Séparée aufgewachsen.
Und da ist dann ein Früchtchen draus geworden!

Also wenn es damals schon Express gegeben hätte,
hätte die fast jeden Tag eine Schlagzeile
auf der ersten Seite gehabt.
Oder wär Chefredakteurin geworden.
Aber Gott sei Dank gab es den damals noch nicht.
Stellen Sie sich mal vor:
Der arme Express-Mann
mit den schweren Steinplatten unterm Arm.
Und wenn der dann hier
so ein Ding auf den Tisch knallt,
da kann man das Wort Schlagzeile
aber wörtlich nehmen.
Boulevard-Zeitung,

liegt immer auf der Straße,
ist einfach zu schwer.

Jedenfalls war Agrippina mit 13 Jahren verheiratet,
und hatte bereits ihren ersten Liebhaber,
verführte sogar ihren eigenen Bruder Caligula,
seines Zeichens Kaiser in Rom.
Das war die Erotik der Macht.
Heiratete dann zweitens einen reichen Reeder,
der schon in der Hochzeitsnacht
auf mysteriöse Weise ums Leben kam.
Da hat Agrippina alles geerbt.
Das war die Erotik des Geldes.
Um dann drittens mit 33 Jahren
Kaisergattin zu werden.

Kaiser in Rom war zu dieser Zeit ihr Onkel,
der berühmte Kaiser Claudius.
Leider verheiratet,
aber auch hier weiß sich Agrippina
durch eine kleine Intrige zu helfen.
Ihr Onkel wird Witwer,
und dann ihr Mann.
Da mußte man extra ein Gesetz für ändern.
Das war ja Inzucht auf höchster Ebene.

Aber auch das war für Agrippina kein Problem.
War ja auch nur für kurze Zeit,
denn selbstverständlich verschied
auch dieser Mann dann wieder,
Agrippina hat ihn vergiften lassen,
kleine Pilzvergiftung,
sie kannte damals schon den Unterschied
zwischen Suizid und Fungizid ganz genau,
oder daß das eine wie das andere aussah,
jedenfalls hat sie dann,
als der dritte Mann endlich auch tot war,
mit ihrem Sohn Nero in Rom die Macht übernommen.

Aber vorher hat sie Köln noch die Stadtrechte besorgt,
denn sie wollte ihre Macht demonstrieren.
Auch dadurch, daß ihr Geburtsort nach ihr benannt wurde.

Deshalb hieß Köln zunächst:
Colonia Claudia Ara Agrippinensis.
Da klingt das Wort Grappa mit.
Der italienische Schabau.
Das heißt aber:
Eine Kolonie zur Zeit des Kaiser Claudius,
Ara, ein Altar war auch schon da,
und benannt das Ganze nach Agrippina.
Das war natürlich zu lang,
deshalb hat man das abgekürzt: CCAA.
Und daraus entstand dann später C&A,
und aus Colonia machte man dann kurz Köln.

So ist von Agrippina im Stadtnamen nichts mehr übrig,
und überhaupt wird ja Agrippina bis heute von den
Stadtvätern,
sind ja fast alles Männer,
schwer geschnitten.
Die wollen das ja nicht wahrhaben,
daß so eine wilde Frau,
die da durch alle Betten gegangen ist,
die Männer um den Finger gewickelt hat,
daß die damals Köln gegründet haben soll,
also das hängen wir mal gar nicht an die große Glocke,
das kehren wir mal schön untern Teppich.

Deshalb hat man ihr auch kein Denkmal gesetzt,
gar nichts.
Gut,
das Agrippina-Ufer hat man nach ihr benannt,
das ist nur so ein kurzes Stück,
da wohnt keine Sau,
da fällt das nicht so auf.
Oder eine Versicherungsgesellschaft.
Da paßt es dann wieder.

Jetzt muß man natürlich
die Agrippina auch mal in Schutz nehmen.
Sie hatte es ja auch nicht so leicht,
unter all den Männern,
und das man sich so gegenseitig umbrachte,
das war auch so außergewöhnlich damals nicht.
Das haben die Männer auch gemacht.

Das war ja damals die Epoche,
in der der Präsident der KG Fidele Apöstelcher
seine berühmte Bergbüttenrede gehalten hat.
Und da hat der das ja erst mal radikal kritisiert
mit dem Umbringen.
Da hat der ja gesagt,
das soll man nicht mehr.
Das war ja seine kulturhistorische Leistung.

Aber die Leute sagten damals auch:
»Der spinnt.
Jetzt darf man sich gegenseitig schon nicht mehr umbringen.
Ja, was darf man denn dann überhaupt noch?«
Das war ungefähr so,
als wenn man heute sagen würde:
»Du darfst nicht rauchen!«
Man weiß zwar,
es ist vernünftiger,
aber es fällt doch manchem schwer.

Aus dem Grund hat er ja auch
in die Vereinssatzung nicht reingeschrieben:
»Du darfst nicht töten«,
sondern:

»Du sollst nicht töten«.
Er hat das also mehr so empfohlen,
dadurch klang das nicht ganz so radikal.
Also: »Du solltest nicht«.
Und wenn,
dann wenigstens nicht so viele.
Vielleicht mal einen nach dem Essen.
Aber mehr nicht.

Ohne Männer besser dran – die Heilige Ursula

Es folgt jetzt die zweite wichtige Frau
in unserer Kölner Stadtgeschichte:
die Heilige Ursula,
et Ulla.

Dafür gehen wir jetzt ins frühe Mittelalter.

Die Geschichte beginnt in England mit einem Heiratsantrag:
»Entweder eure Tochter Ursula
wird mit unserm Sohn Ätherius verheiratet,
oder es gibt Krieg!«

Diesen Heiratsantrag
hatte König Conan der Schreckliche von England
zu den Eltern der heiligen Ursula gefaxt.

Wie Sie wissen,
faxte man damals noch mit Pferd und Reiter.
Ein sogenanntes Pferdefax,
Chiffre de Chevaux.

Als jetzt die Eltern dieses Pferdefax erhielten,
sagten die auch:

»Och, wie furchtbar,
Heirat oder Krieg!«
Und sie wußten gar nicht,
was sie machen sollten.
Schließlich hatten sie nur
diese eine einzige Tochter Ursula.
Schön, klug, reich und lesbisch.

Sie wollte gar keinen Mann.
Die interessierte sich nicht für Männer.
Ist ja kein Problem.

Aber wie Eltern so sind,
noch dazu in ihrer Position
als Staatsoberhäupter,
war das mit dem lesbisch natürlich
nix für offiziell.

Da hat der Vater gesagt:
»Die es net lesbisch,
die hammer dem leeven Gott versproche«,
mit andern Worten: »Gelübde«.

Die sollte ins Kloster.
So machte man das damals.
Wer sich nicht für Männer interessierte,
oder umgekehrt,
wenn Männer sich nicht für Frauen interessierten,
dann ging man ins Kloster.
Da war man dann unter sich.

Auf dem Bild sieht man gerade,
wie dieses Gelübde abgelegt wird.

Seit diesem Tag trägt die Ursula
einen Heiligenschein –
mit einer Haarklammer hinten im Haar befestigt.

Die zog das Ding sogar nachts
in ihrem Futonbett nicht aus.

Wir sehen übrigens da über dem Bett der heiligen Ursula
ein kleines Bildchen vom Präsidenten der KG Fidele
Apöstelcher.
Späte Phase.
Aber nicht zu spät.

Das ist ja auch interessant,
die Geschichte der Symbolik.
Das Kreuz war ja damals ein Folterinstrument.
Daran ist ja nicht nur er gestorben.
Es hätte aber auch sein können,
daß er beim Steinigen ums Leben gekommen wäre.
Oder man hätte ihn ertränkt.
Dann hätten Sie jetzt ein Aquarium da stehen.
Und auch die Firma Bayer hätte jetzt ein anderes Zeichen.

Jetzt erschien der Ursula im Traum ein Engel,
also ein richtiger Berufsengel mit Prokura.
Der sagte: »Ursula!
Wir müssen einen Krieg verhindern.
Das mit dem Gelübde vergessen wir.
Wir erteilen dir eine Ausnahmegenehmigung.
Du mußt den Tuppes heiraten,
um ein Blutvergießen zu verhindern.«

»Wunderbar«, sagte die Ursula zu ihren Eltern,
»brauch ich nicht ins Kloster,
aber die Bedingungen für die Heirat bestimme ich:
1. Die Hochzeit ist erst in drei Jahren.
2. Der Tuppes muß sich taufen lassen.
(Das heißt auf deutsch: dieser barbarische
Heide soll erst mal Manieren lernen,
Kleidung, Tischsitten, Tanzkurs usw.)
3. Ich mach vorher mit
meinen besten Freundinnen eine Weltreise
mit TUI (ohne Tuppes in Urlaub).«

Alle Beteiligten waren einverstanden,
auch Conan der Schreckliche.

Die Freundinnen Ursulas waren natürlich total begeistert.
Das waren übrigens ziemlich genau 11.000 Stück,
d.h. also, die Ursula war mit 11.000 Jungfrauen befreundet.
Das ist natürlich der Wahnsinn,
sich nur die Namen zu merken.
Allein 348 Marias, 15 Dorothees,
160 Martinas und 412 Theklas.
Aber darauf kommen wir später noch mal zurück.

Ursulas Vater ließ extra schöne Yachten bauen,
und nach einem ausführlichen Segelkurs,
mit theoretischer und praktischer Prüfung,
ging es dann los in die weite Welt.

Die Bilder,
die Sie hier sehen,
können Sie übrigens im Original
in der Ursula-Kirche besichtigen.
Das ist ja quasi ein früher Comic.
Nur, daß die damals noch keine Sprechblasen hatten.
Die haben das alles in die Fußleiste reingeschrieben.
Unten steht das alles auf lateinisch,
was ich Ihnen hier erzähle.

Allerdings haben die gar keine Bilder,
die zeigen, wie die so segeln.
Die Damen legen ab
und kommen immer direkt beim nächsten Bild
schon wieder an.
Das find ich blöd,
denn die waren ja drei Jahre unterwegs.

Das muß man sich mal vorstellen.
Im Mittelalter.
11.000 Frauen.
Alleine auf den Weltmeeren unterwegs.
Alles Jungfrauen.
Das ist ja heute noch selten.

Deshalb habe ich hier mal ein paar andere Bilder
dazwischen gestreut,

die einen Eindruck der ausgelassenen Atmosphäre
dieser ungewöhnlichen Reise vermitteln
Also die freuten sich ihres Lebens,
segelten wie die Weltmeisterinnen,
suchten sich die schönsten Häfen und Strände,
und besuchten die großen Metropolen dieser Welt.

Und kamen dann,
irgendwann,
auch mal in Rom an und haben sofort den Papst besucht.

Papst war damals noch nicht Woytila,
die dumpfe Nuß,
sondern Cyriacus, ein Engländer.

Der war voll begeistert
von den lebenslustigen Damen
und sagte:

»Kommt rein,
ich tu euch direkt erst mal alle taufen.«
Da meinte die Ursula:
»Wieso, wir sind doch schon getauft.«
»Egal, doppelt gemoppelt hält besser,
rinn in die Bütt.«

Und dann sah der die 11.000
da so herrlich nackelich vor sich,
und fragte mal vorsichtig:
»Mir fällt hier im Vatikan auch die Decke auf den Kopf.
Gut,
ich bin nun mal Papst,
ich hab ja nichts anderes gelernt,
aber,
kann ich nicht mit euch fahren?«

»Na gut«, sagten die Damen,
»es ist ja nur der Papst.
Und wenn man dem alten Mann da noch
eine Freude machen kann,
ist das wahrscheinlich Gottes Wille.«

Inzwischen wurde dem Ätherius aber die Zeit ein bißchen lang.
Der hatte seine zukünftige Braut ja noch gar nicht gesehn.
Deswegen fragte der den Vater, König Conan:
»Es sind jetzt zweieinhalb Jahre vergangen,
kann ich nicht den Mädels
mal langsam entgegenfahren?«

Und kaum waren Ursula und Freundinnen
in Mainz angelangt,
tauchte der Ätherius plötzlich auf.

»Au wei«, sagte Ursula,
»was bist du für ne widderlije knüsselije Heidentuppes.
Laß dich erst mal taufen.«

Die hatten ja schließlich den Papst dabei,
der war ja dafür ausgebildet.

Da mußte der Ätherius als überzeugter Heide
nackt vor allen Frauen
diese Prozedur im Dom zu Mainz
über sich ergehen lassen.

Anschließend hieß es abtrocknen,
Haare fönen,
Aufbruch nach Köln.

Jetzt sagte ich ja zu Beginn,
Biotop für Bekloppte,
diese Kölner Stämme waren fast alle einmal hier,
und zu dieser Zeit
war das karnevalistisch-katholische Köln
gerade von einer Horde hinterer Asiaten
umzingelt und belagert.

Die Hunnenhorden versuchten allerdings
seit Monaten vergeblich,
die Stadtmauern zu überwinden
und Köln zu plündern.

Und in dem Moment,
als der Frust am größten war,
kamen die Heilige Ursula und die 11.000 Jungfrauen nach Köln.

Die Hunnen dachten:
»Weiberfastnacht,
das hat uns gerade noch gefehlt!
Bevor die uns allen den Schlips abschneiden,
machen wir uns noch schnell über die her,
und dann nix wie weg.«

Wie man auf dem folgenden Bild sieht,
endete das für die 11.000 Jungfrauen,
ja, wie soll ich mich da jetzt ausdrücken,
also: unvorteilhaft.
Es liegen schon diverse Körperteile herum,
von den 11.000 Jungfrauen ist keine mehr übriggeblieben,
und als Attila, der Hunnenkönig, merkt,

daß er auch bei der schönen Ursula nicht landen kann,
läßt er auch sie mit Pfeilen ins Jenseits befördern.
Ätherius gleich mit.

Insofern hatte sich natürlich für ihn die Taufe in Mainz
sehr kurzfristig als lohnend erwiesen.
Als überzeugter Heide erst in Mainz getauft
und dann schon in Köln in den Himmel.
Das ist ein sehr hoher Wirkungsgrad.

Und das ist ja auch das Schöne am Christentum.
Man muß da ja nicht das ganze Leben lang mitmachen.
Kindergottesdienst, Meßdiener, Kommunionsunterricht,
das braucht man alles nicht.
Es reicht ja,
wenn man da ganz am Schluß noch eintritt.
Da war ja auch neben dem Präsidenten der KG Fidele Apöstelcher
noch einer am Kreuz.
Der war das ganze Leben Verbrecher.
Und am Kreuz sagte der dann:
»Ich bereue alles.«
Und da sagte der Präsident:
»Noch heute abend wirst du mit mir im Himmelreich sein.«
Das hat noch geklappt.
Ich mein,
das war natürlich hoch gepokert,
auf die letzte Sekunde.

Zurück zu unserem Bild.
Insgesamt ist das eine sehr unschöne Szene.
Die Hunnen haben alles,
bis auf die letzte Jungfrau, niedergemetzelt.
Danach muß bei Attilas wilder Horde
eine gewisse Ernüchterung eingetreten sein.
Auch Hunnen sind letztlich keine Unmenschen.
Vom schlechten Gewissen geplagt,
beschließt man,
den Platz des Grauens zu verlassen
und die Belagerung zu beenden.
Kurz hinter Bensberg soll Attilas Sohn Ellak
erstmals die profane Frage gestellt haben:

»Papa,
warum ist es am Rhein so schön?«

Die Kölner nahmen das Ende der Belagerung
erfreut zur Kenntnis.
Es sollen auch
elf Flammen am Himmel erschienen sein.
Aber es wird ja viel erzählt ...

Jedenfalls singt der Kölner Frauenchor ein Loblied,
da Ursula und die 11.000 Jungfrauen
Köln von den Hunnen befreit haben.

Und dann, wie das in Köln so ist,
baute man der Heiligen Ursula zu Ehren
eine Kirche,
die Ursulakirche
und aus der Hunnenhorde
machte man einen Karnevalsverein.

So ist die Stadt
wieder um einiges reicher geworden.

Kölsche Chirurgie

Apropos reich werden:
Die Heilige Ursula und die 11.000 Jungfrauen
hatten natürlich für Köln
auch im finanziellen Bereich
eine interessante Bedeutung,
denn der Fremdenverkehr
lief ja seinerzeit so,
wie wir es heute noch im Islam kennen.

Der Vorläufer des modernen Touristen
war ja der gläubige Pilger.
So wie jeder Moslem
mindestens einmal im Leben nach Mekka muß,
so sollte der Christ
wenigstens einmal im Leben
nach Jerusalem oder nach Rom,
oder sonst wohin,
wo viele Heilige versammelt waren.

Und so hatten die Kölner früh erkannt:
Wir müssen das Rom des Nordens werden.
Wir brauchen viele Heilige,
beziehungsweise das,
was von den Heiligen nach dem Tode übrig bleibt.
Die heiligen Knochen,
die man dann den Touristen
als Reliquie präsentieren kann.

Also, je mehr Heilige und Kirchen,
um so mehr Pilger.
Je mehr Pilger,
um so mehr Übernachtungen mit Frühstück
oder Halbpension,
desto mehr Bordellbesuche und Prozessionen,
Schnellimbisse und Eckkneipen.

Denn: Wenn der Pilger zu dem Knochen tingelt,
der Groschen in der Kasse klingelt.

Das hatte jetzt zweitens den Effekt,
daß immer mehr Pilger ein heiliges Souvenir
mit nach Hause nehmen wollten,
quasi eine Reliquie selber besitzen wollten.

Jetzt war der Reliquienhandel
aber von der Kirche verboten,
da der Vatikan das Monopol
in der Hand behalten wollte.

So sagten sich die Kölner:
»Das ist uns egal!
Wir verkaufen die Knochen nicht,
wir verschenken die.
Verkaufen tun wir nur die Kess dromröm,
also das sogenannte Reliquiar
als Kunstgegenstand.
Aber,
kein Knochen ohne Kess.«
Das mag der Grundstein
zur Kunstmetropole gewesen sein.

Nun hatte man alsbald das Problem,
daß so ein zerhackter Heiliger

nur eine begrenzte Anzahl Knochenstücke ergab,
und die Nachfrage schnell größer
als das Angebot war.

Und da wird jetzt die Sache
mit der heiligen Ursula interessant:
Sie haben sich doch eben sicher alle gefragt,
wie kommt die eigentlich mit 11.000 Freundinnen zurecht,
man kann sich doch gar nicht jedes Gesicht merken.

Nun, das ist ja eine Legende.
Sie wissen,
ein wahrer Kern mit nem bißchen was drumrum.
Und von dieser Legende gibt es jetzt eine frühmittelalterliche
und eine spätmittelalterliche Fassung.

In der letzteren,
heute gebräuchlichen Fassung
ist die Rede von 11.000 Jungfrauen.
In der frühmittelalterlichen Fassung
steht aber nur was von 11 Jungfrauen.
Da muß also zwischendurch mal was passiert sein.

Man stelle sich vor:
Die Kölner saßen zusammen
und hatten die Knochen
der heiligen Ursula
und der 11 Jungfrauen verscheuert.
Dä! Wor nix mieh do!

»So«, meint der eine,
»dann verkaufen wir eben irgendwelche anderen Knochen.
Das merkt doch keiner.«
»Nein«, meinte der andere,
»das dürfen wir auf keinen Fall machen.
Wenn das rauskommt,
kauft uns keiner mehr was ab.
Dann sind alle unsere Reliquien nix mehr wert.
Denk an ihn,
den Präsidenten der KG Fidele Apöstelcher!«

Er hatte recht.
Denn von ihm gab es ja auch Reliquien.

Keine Knochen,
der ist ja in den Himmel aufgefahren,
aber der war ja Jude.
Der ist ja vorher beschnitten worden.
Und das gibt es.
Ein bißchen verdrüscht,
aber es ist da.
Es gibt die heilige Vorhaut.
Das nennt man »Präputium Sanktuum«.

Und das Tollste ist:
Diese heilige Vorhaut gibt es elfmal auf der Welt.
Und da weiß natürlich jeder:
Da kann irgendwas nicht stimmen.
Der kann ja keine elf Pimmel gehabt haben.
Was soll der damit?
Gerade er.

Jedenfalls haben die Kölner sich gesagt:
»Wir machen das professioneller.«

»Ja, dann ändern wir halt die Legende,
machen wir: Ursula und die 22 Jungfrauen.«

»Näh, nix,
was ist denn dann mit den elf Flammen
in unserm Stadtwappen?
In Köln muß alles mit 11 sein.
Dann machen wir lieber 1.100.«

»Na komm,
wenn schon, denn schon: 11.000,
sonst simmer nächs Johr widder am ändere.
11.000 ist super,
dat hält ne Weile vor.
Wir hängen da einfach drei Nullen dran.«

Sie kennen ja alle das Karnevalslied
»Drei mal Null es Null es Null«.

Und hinterher singen wir dann:
»Näh näh dat wissemer nit mieh
janz bestemp nit mieh ...«

Das war die wunderbare Knochenvermehrung.
Die befreite die Kölner von der Sorge,
daß sie irgendwann
keine Reliquien mehr am Lager haben würden,
die man verkaufen kann.
Man spricht auch von der Chirurgie der Befreiung.

Der Heimwerker-Hirsch

So,
jetzt zur Erholung
mal ne kleine Geschichte aus dem Alltag.

Apropos 11.000 Jungfrauen:
Ist Ihnen das eigentlich
auch schon aufgefallen,
es gibt ja auch heute fast nix mehr einzeln,
alles nur noch im Sechserpack oder im Set.

Bei mir fing das damit an:
Also im Grunde
ist mir immer der Bleistift abgebrochen,
weil ich unser neues Gewürzregal –
24 Sorten in Glasstreuern zum Nachfüllen ,
komplett 56 Mark 90 –
in der Küche links über der Anrichte
aufhängen wollte.

Und das sollte ja gerade hängen,
deshalb hab ich immer mit dem Bleistift...,
und der ist mir immer abgebrochen.
Und das lag im Grunde nur da dran,
bin ich dann später drauf gekommen,
daß der Bleistiftspitzer stumpf war.

Ja!?
Dadurch wurde das Holz
von dem Bleistift so porös.
Also, wenn ich unterm Mikroskop geguckt hätte,
hab ich nicht,
aber nur mal angenommen,
ich hätte unterm Mikroskop geguckt,
dann hätte das ganz zerfetzt ausgesehen.
Und dadurch hatte die Mine
keinen Halt mehr in dem Holz
und brach dauernd ab.

Ist ja auch jetzt egal.
Aber ich sprach noch mit meiner Freundin drüber.
Ich sagte,
»Ich geh mal schnell einen neuen Spitzer kaufen.«
»Nee«,
sagte meine Freundin,
»die Klingen für den Spitzer gibt es einzeln.
Also, ohne Spitzer kannst du die kaufen,
quasi zum Nachrüsten,
beziehungsweise Auswechseln.«
»Ist das wahr?«
»Ja, ungelogen!«
»Das kann ich mir nicht vorstellen«, sagte ich.
»Jeden Tag Zigmillionen Joghurtbecher in den Müll,
alle mit grünem Punkt,
aber die Klingen gibt es zum Nachrüsten.
So ein kleiner Spitzer kostet doch nur 50 Pfennig.«
»Gibt es aber,
bei Schreibwaren Alex. Tatsache!«

Ich sofort hin zu Schreibwaren Alex,
und tatsächlich,
die hatten das.
In so kleinen Pappfaltschachteln,
und dann noch in Fettpapier eingewickelt,
damit sie nicht rosten.
Sind drei Stück drin,
50 Pfennig.

Jetzt war aber das Problem,
daß mein kleinster Schraubenzieher
für das kleine Schräubchen an der Klinge
immer noch zu dick war.

Da bin ich sofort zum Bauhaus am Barbarossaplatz,
weil da konnte ich ja gleich die zwei Schrauben,
die für das Gewürzregal noch fehlten,
mitbringen.

Jetzt gab es die Schraubenzieher für die Klinge
nur als Präzisions-Feinmechaniker-Schraubendreher.
Das war ein Markenfabrikat.

Die Firma ist an und für sich führend
im Schraubenzieherbereich.
Das sind so welche mit so drehbaren Griffen,
so ganz kleine,
für Uhrmacher und so.
Die gibt es nur im Sortiment,
in so einer blauen Plastik-Schachtel
mit durchsichtigem Deckel.
Die hängen da so drin
wie die Orgelpfeifen.
1 – 1,4 – 2 – 2,4 – 2,9 – 3,8 Millimeter,
6 Stück 11 Mark 95.
Da sieht man auch direkt,
wenn einer fehlt.
Das hat mir imponiert.

So, dann noch schnell die Schrauben.
Ich würde sagen, 8mm Senkkopf Kreuzschlitz.
Sind immer 6 Stück drin,
5 Mark 95.
Aber die sind mehr für Spanplatten,
die dreht man direkt mit der Bohrmaschine rein.
Spax glaub ich,
Spax und Telespax sag ich immer.
Die Holzschrauben Alu-Natur
mit schwarzer Abdeck-Kappe,
8 Stück 9 Mark 60,
haben mir ja sehr gut gefallen.
Ich hab dann aber doch vernünftigerweise
die Sechskant-Gewindeschrauben,
50 Millimeter lang,
6 Stück 4 Mark 95, genommen.
Die sind auch für Gewürzregale zugelassen.

Aber da hätten Sie meine Freundin mal hören sollen:
»Mußten ja unbedingt sechs Stück sein,
obwohl du nur zwei brauchst,
beim Hülden gibt es die alle einzeln.
Und mit den Schraubenziehern
bist du ja wohl völlig übergeschnappt!
Feinmechanikerschraubenzieher!

Du und Feinmechanikerschraubenzieher!
Zwei linke Hände,
aber sechs Feinmechanikerschraubenzieher.«

»Ja, hab ich doch nur,
weil du gesagt hast,
die Klingen gibt es einzeln.
Und meine Schraubenzieher
sind alle zu dick für das kleine Schräubchen.
Da kann ich nicht nachrüsten.«

»Ja, dann brauchst du doch nicht gleich
sechs Stück zu kaufen, 11 Mark 95.
Du hast 'se wohl nicht mehr alle!«

»Die gab es aber nicht einzeln.«

»Dann nimmt man ein Küchenmesser,
du Pril-Ent!«

»So«,
hab ich gesagt,
»jetzt reichts mir!
Du hängst jetzt dein Gewürzregal,
24 Sorten zu 56 Mark 90, selber auf!
Wer bin ich denn?
Bürgerliche Küche,
und dann Kräuter der Provence.
Das ist ja auch so was.
Und dann die Nachfülltüten aus der Metro,
1 Kilo Curry 12 Mark 80,
da kann ich ja gleich nach Indien gehn.
Ich geh jetzt runter zum Schorsch an die Thek'
ein frisch' Kölsch trinken.
Die gibt es da nämlich,

UND ZWAR EINZELN!«

Der klerikale Knochen-Klau

Wir kommen nun zu den Heiligen Drei Königen,
zum ersten
und für Köln wichtigsten Dreigestirn.

Die sind ja durch eine Leuchtrakete
auf den kleinen Karnevalspräsidenten
aufmerksam geworden.
Und die drei bekamen 1.164 Jahre später
entscheidende Bedeutung für Kölns Entwicklung
zum Pilgerzentrum West.

Der damalige Kölner Erzbischof,
Reinald von Dassel,
übrigens Erfinder der gleichnamigen Straße,
hatte die Knochen der Heiligen Drei Könige
nach der Eroberung Mailands
dort ganz unverbindlich mitgehen lassen.
Der hät die jekläut.
In de Täsch jesteck und jesacht:
»So, das nehmen wir mal mit.«

Vielleicht hat der auch ne Tupperware dabei gehabt.
Ich weiß es nicht.

Jedenfalls als der jetzt mit den geklauten Knochen in Köln ankam,
da haben die Kölnerinnen und Kölner dem einen Empfang bereitet,
also mit allem drum und dran,
Tambour-Korps, Prinzengarde, Kirchenchor,
decke Trumm und alles.
So ist noch nie ein Ladendieb empfangen worden.
Sie propagierten den Raub
als absolute Spitzenreliquie
der abendländischen Heiligenverehrung.

Die ganze Welt wußte,
Köln hat die Knochen der Heiligen Drei Könige,
und wer jetzt noch in den Himmel wollte,
mußte irgendwann auch mal nach Köln pilgern.
Da führte kein Weg mehr dran vorbei.
Und das war natürlich wirtschaftlich für Köln Spitze:
Standortvorteil durch Raub und Marketing.

Das Schöne ist ja,
und das muß der Reinald von Dassel
damals schon gewußt haben,
der hat nämlich Urkunden gefälscht,
wie man später gemerkt hat,
daß die Dinger noch nicht mal echt sind.
Man hat das ja vor einiger Zeit mal untersucht.

Da sind dann Wissenschaftler im weißen Kittel hingegangen,
haben Knöchelchen aus dem Dreikönigenschrein geholt,
und haben das dann im Labor genau untersucht.
Ich mein, gut,
man kann feststellen,
wie alt so was ist.
Aber warum?

Aber wie Wissenschaftler so sind,
haben die dann eine große Pressekonferenz abgehalten
und feierlich verkündet:
»Meine Damen und Herren,

die Untersuchungen haben ergeben:
Die Wahrscheinlichkeit,
daß diese Knochen
tatsächlich von den Heiligen Drei Königen stammen,
tendiert gegen Null.«

Da würde der Reinald sagen:
»Dat Dinge deit et ävver.«
Da muß man halt dran glauben,
so mit nem kniependen Auge.

An Reinald von Dassel sieht man:
Der kölsche Christ glaubt ja mitunter
noch nicht mal an Gott.
Beziehungsweise wenn,
dann mehr so in dem Sinne:
»Sag mal,
wieviel Uhr es et?«
»Ich glaube halb elf.«
Glaube im Sinne von:
»Ich bin nicht sicher,
es könnte aber sein.«

Das heißt,
man sollte schon so leben,
daß wenn es Gott gibt,
man dann so gerade noch in den Himmel reinkommt.
Sonst wär das ja blöd.

Aber für den Fall,
daß sich herausstellt,
den gibt es gar nicht,
das hat man sich alles nur ausgedacht,
dann lassen wir doch auch den Kopf nicht hängen.
Dann freuen wir uns doch,
daß wir diese ganzen herrlichen Sünden
alle mitgenommen haben,
die das Leben so bunt und interessant machen.
»Wir sind alle kleine Sünderlein.«
So ist das mit dem Glauben.
Wenn man das alles nicht so ernst nimmt,
vor allem auch den Klerus nicht,

dann kann man selbst mit den heiligsten Dingen
so respektlos hantieren,
daß sich das in Heller und Pfennig auszahlt.

Es ist ja kein Zufall,
daß die damalige Währung,
die Kölner Mark,
zum Ursprung
unserer heutigen D-Mark wurde.
Das ist Tatsache.
Beim Kölner kann man also wirklich sagen:
Dein Glaube hat Dir geholfen.

Die Kirche gegenüber von McDonald's

Jetzt führten die geklauten Knochen
vom Reinald von Dassel
nicht nur zu Ansehen und Wohlstand,
sondern auch zum Wahrzeichen von Köln.

Sie wissen,
das ist die große Kirche mit den beiden Türmen
gegenüber von McDonald's.

Das hab ich übrigens wirklich mal gehört.
Jugendliche Fußballfans aus Dortmund standen in der Telefonzelle
und haben sich verabredet.
»Wir stehen hier
an dieser großen Kirche gegenüber von McDonald's.«
Ich kann das verstehn.
Ich kenn ja auch keine Kirche in Dortmund.

Wie kam es jetzt zu diesem Wahrzeichen?

Jetzt gaben die Kölner
für die absoluten Spitzenreliquien
der abendländischen Heiligenverehrung
natürlich ein Reliquiar in Auftrag.
Sie wissen,
dat es die »Kess dromröm«.
Und da ließ man sich nicht lumpen.

Man bestellte bei Nikolaus von Verdun,
der Mann muß damals führend
im Reliquiar-Bereich gewesen sein,
den absolut größten
je im Abendland geschaffenen Goldsarkophag,
sechs Zentner Leergewicht.

Das Ding strahlt bis zum heutigen Tag
soviel Respekt aus,
da können se Hühnerknochen vom Wienerwald reintun,
in dem Ding wird alles heilig.

Vielleicht war es ja auch so ähnlich,
aber das ist ja, wie gesagt, egal.
Jedenfalls, von der »Joldkess«
waren die Kölner allesamt total begeistert.

Und einer soll damals
vor lauter Freude gesungen haben:
»Fehlt nur noch vom Balkon,
die Aussicht op d'r Dom!«
»Au ja, stimmt!
Wir brauchen da nen Dom drumrum«,
hieß es auf einmal.

Ruckzuck war die alte Bischofskirche,
die da vorher stand,
abgefackelt,
Versicherungsschaden,
wahrscheinlich für die Agrippina-Versicherung.

Und an dieser Stelle wurde dann am 15. August 1248,
am Tage Mariä Himmelfahrt,
feierlich der Grundstein für den Dom gelegt.

Jetzt war das ganze Unternehmen
baugeschichtlich höchst interessant,
weil hier nicht der Altar im Zentrum stand,
sondern eben diese »Joldkess« met de Knochen.
Deshalb baute man erstmals in solchen Ausmaßen
eine Umgehung des Altarbereichs im Chor.
Man kann ja im Dom hinter dem Altar rumlaufen.
Das hat man extra für die Pilger gemacht.
Hier konnten die quasi mehrspurig
um die Knochen kreisen.
Man spricht auch vom ersten Kölner Autobahnring.

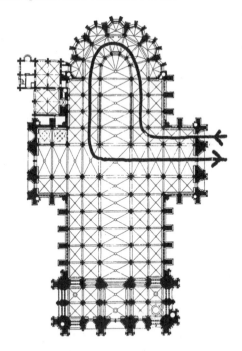

Da stand damals wahrscheinlich schon
der Regierungspräsident Antwerpes
mit einer Radarfalle hinter einem Heiligen versteckt

und hat darauf geachtet,
daß die Pilger da nicht im Weihrauchnebel ineinander
rauschen.

Jetzt hatten die Kölner den Dom in nur 70 Jahren fertig.
Also nur hier hinten rund um die Knochen.
Der goldene Sarkophag wurde aufgestellt,
und das Ganze feierlich eingeweiht.
Für die Kölner war das Ding damit
so gut wie fertig.

Danach passierte jedenfalls nicht mehr viel.
Man brasselte noch so ein bißchen
bis Oberkante Fenster,
mit dem südlichen Turm hatte man auch mal
so ein bißchen angefangen,
aber mehr so nach Feierabend,
und irgendwie wurde ihnen das alles zuviel,
und man hatte keine Lust mehr.

Sie kennen das ja auch,
wenn Sie im Hobbyraum was anfangen
und denken sich dann:
Mensch, da hät man doch besser was Kleineres gemacht.
So war es beim Dom auch,
bis man dann 1560 ganz aufhörte
mit den Worten:
»Wir lassen das mal so stehn. Es fädisch.«

Schließlich funktionierte der Dom ja auch so.
Die Pilger kamen scharenweise,
kreisten um die Knochen
und gaben anschließend in der Stadt ihr Geld aus.
Es gab also wirtschaftlich überhaupt keinen Grund,
das Ding zu Ende zu bauen.

Ich kann Ihnen das mal erklären.
Marx hat ja auch mal in Köln gewohnt
und später den Kapitalismus wirtschaftlich analysiert
mit den drei Stufen Arbeit – Mehrwert – Kapital.
Also, der Mensch arbeitet,
und zwar nur der Mensch und nicht das Geld.

Von wegen,
wie die Banken immer schreiben:
»Lassen Sie Ihr Geld für sich arbeiten«.
Legen Sie mal 100 Mark in die Ecke,
da können Sie sehen,
wie die arbeiten.
Da tut sich so schnell nix.
Das zieht sich.
Das einzige, was arbeitet,
sind Menschen.
Und den Mehrwert dieser Arbeit können andere abschöpfen,
und daraus verzinst sich Kapital.
Völlig richtig beobachtet.

In Köln war das aber zuvor
genau umgekehrt:
Das Kapital der Kölner waren die Knochen,
nicht vom Arbeiter erarbeitet,

sondern vom Erzbischof geklaut.
Noch dazu nicht echt,
und an und für sich völlig wertlos.
Diese wertlosen Knochen
wurden durch geschickten Reliquienkult der Kölner
»Mehrwert«,
sogar sehr viel mehr wert.
Und deshalb wiederum brauchten die Kölner
nicht so viel zu arbeiten.

Überhaupt wurde in Köln als Handelsstadt
immer relativ wenig gearbeitet.
Der Kölner hat hauptsächlich gehandelt,
gemaggelt und gefeiert.
Wenig Arbeit, viele Feste,
das ist doch immer noch das Beste.
Der Dom wäre ohne Einwirkung von außen
wahrscheinlich heute noch nicht fertig.

Die Touristen fragten zwar öfter:
»Sagen Sie mal,
soll das eigentlich so bleiben?
Der hat ja gar keine Türme.«
»Wieso Türme?«
»Ja, da müssen doch noch Türme drauf.
Sieht man doch.«
»Wie, sieht man doch?
Jung, weißte was das für eine Arbeit ist,
so Türme?
Außerdem geht das gar nicht.
Der Kran da oben ist aus dem Mittelalter,
das ist unser Wahrzeichen,
der steht unter Denkmalschutz.«

Das hat die meisten dann überzeugt,
nur die protestantischen Preußen nicht.
Die haben gesagt:
»Unter uns hätte es so was nicht gegeben!
Wurde höchste Zeit,
daß wir hier die Macht übernehmen.
Jetzt ist Schluß mit der Schlamperei,
das Ding wird jetzt zu Ende gemacht – zack, zack!«

Und so bekam Köln
nach über 600 Jahren,
also Bauzeit kann man jetzt nicht sagen,
1880 einen rheinischen Dom mit preußischen Türmen.

Und der Kran war weg. Schade!

Der Köbismus

Ich möchte jetzt auf Karl Marx zu sprechen kommen,
denn der wohnte ja seinerzeit mal
in Köln, in der Apostelnstraße 12,
ungefähr da,
wo später das Porno-Kino Gloria war.
Da ist ja heute ein Cafe drin.
Und später ist der ja umgezogen,
in die Cäcilienstraße 7,
da wo jetzt Volkshochschule-Kunstverein ist.

Jedenfalls war der ja Chefredakteur
bei der Neuen Rheinischen Zeitung.
Die Redaktion war in einer kleinen Seitenstraße,
die von der Schildergasse abging,
Höhe Schildergasse 99,
da ist heute Dyckhoff,
gegenüber von Foto Porst,
also quasi zwischen Neumarkt und Antoniterkirche.
Antoniterkirche kennen Sie,
10-Minuten-Andacht,
das ist quasi der McDonald's unter den Kirchen.

Aber die Schildergasse war ja damals,
als Marx in Köln wohnte,
in dem Sinne
noch keine Fußgängerzone,
weil es ja noch gar keine Autos gab.
Das ist jetzt dialektisch interessant,
weil eine Fußgängerzone ja auch ohne Autos ist.

War aber für Marx kein Thema.
Der ging immer schräg gegenüber
ins Café Stollwerck.
Das war das damalige Szenelokal
der politischen und sozialen Bewegungen in Köln.
Da saß der dann immer mit
Freiligrath, Werth, Bakunin und Engels,

Marx und Engels,
die gehören ja zusammen wie Cindy und Bert.
Die haben sich jedenfalls damals alle Gedanken gemacht,
diskutiert über die Welt.

Ich hab auf jeden Fall noch drüber nachgedacht.
Vielleicht wär in der Welt vieles anders gekommen,
wenn die damals eben nicht
immer im Café Stollwerck philosophiert hätten,
sondern auch mal im Päffgen oder beim Früh,
denn das waren ja alles Immis.
Und so einem bringt ein Besuch im Brauhaus
mitunter erheblichen Erkenntniszuwachs.

Ich war z.B. neulich beim Päffgen.
Da saßen am Nebentisch zwei Frauen,
der Sprache nach mehr aus der Stuttgarter Ecke.
Da rief die eine:
»Herr Ober!«
Das läßt ja schon mal aufhorchen,
wenn man zum Köbes »Ober« sagt.
»Zwei Kakao mit Sahne.«
Auha!
Das ließ Schlimmes ahnen.

Jetzt setzt der Köbes ja ein Grundprinzip
des Kapitalismus außer Kraft,
das da lautet:
»Der Kunde ist König.«
Das kennt der so nicht.

Da sagt der zu der Dame:
»Mir sin he en Brauhuus
un kein Mütterjenesungswerk!«
Die sind dann gegangen.
Das tat mir dann auch leid.

Aber damit hat es folgende Bewandtnis:
Der Kakao war früher ein Getränk der Aristokratie
und des Klerus.
Liquidum non frangit,
Flüssiges bricht das Fasten nicht.
Die konnten diese exquisite Kolonialware
während der Fastenzeit trinken.
Kakao war ja anfangs ganz schön teuer,
also Fasten und trotzdem Luxus.
Als der Kakao aufkam,
mußten die natürlich erst mal beim Papst vorsprechen.
»Heh, Papst, hier ist wat Neues.
Dürfen wir das während der Fastenzeit trinken?«

Jetzt hatten die das kalte Wasser vorher
einfach ohne Zucker mit Kakao angedickt.
Der Papst probierte,
verschluckte sich fürchterlich und meinte:
»Bah, dat is Buße, das geht.«
Und hinterher
haben die sich das dann schön mit Milch und Zucker
angemacht,
und hatten was Leckeres zu trinken.
Also man kann sich das Christentum schön machen.

Aber wie das mit dem Kolonialismus so ist,
mußten die kleinen Vereine da unten
allmählich immer mehr und billiger ihren Kakao
für die großen Gesellschaften
hier oben in Europa liefern.

Und dadurch wurde der Kakao bei uns erschwinglich.
Der Klerus und der Adel hatten mehr den Alkohol entdeckt,
und der Kakao wurde dann zu einem Getränk
vor allem für Mütter und Kinder.

Das merkt man übrigens bis zum heutigen Tag.
Ich hab noch nie eine Kakaoreklame
mit einem Mann drauf gesehen,
also daher Müttergenesungswerk.
Da kann man doch mal sehn,
was so ein Köbes
für einen geistigen Background hat.
Man denkt,
der hätte das so dahergesagt,
aber in Wirklichkeit
hat der sich das hochintellektuell überlegt.

Und wer weiß,
was passiert wäre,
wenn Marx und Engels
des öfteren mit der kölschen Wirtschaft
in Kontakt getreten wären,
statt permanent im Café Stollwerck zu hängen,
wo man den Kakao völlig ungestraft bestellen kann.

Vielleicht hätte
die Marxistische Wirtschaftstheorie
nicht den Kommunismus hervorgebracht,
sondern den Köbismus.
Der realexistierende Köbismus,
in dem der selbstbewußte Werktätige
dem Kunden keineswegs in den Arsch kriechen muß,
sondern einen Plan davon hat,
was auf den Tisch kommt.

Umgekehrt aber ein dennoch zufriedener Kunde,
der für sein Kölsch keineswegs Schlange stehen muß.
Im Gegenteil,
es wird immer wieder ohne Aufforderung gebracht.
Fast wie im Paradies,
wo einem die Sachen alle in den Mund fliegen.

Ich könnte mir vorstellen,
daß ein hochentwickelter Köbismus-Leninismus
bei den trinkfreudigen Russen
auf viel fruchtbareren Boden gefallen wäre,
als die Diktatur des Proletariats.

Man kann sagen,
der Köbes benimmt sich wie im Osten,
bedient aber wie im Westen.
Und damit beseitigt er
den größten Gegensatz des Abendlandes,
eine Symbiose aus Marx und Markt
in der Weetschaff op d'r Eck.

Aber da ist eben bisher
noch keine Staatstheorie draus geworden,
weil die Dinger allzu weit weg waren.
Das Café Stollwerck war eben damals
genau schräg gegenüber,
und der Marx hat den kürzeren Weg genommen.

Die Folgen sehen wir aber heute,
der kürzere Weg ist nicht immer der bessere,
um mal den Kollegen Arnulf Rating zu zitieren:
»Der Sozialismus ist im 40jährigen Freilandversuch
am lebenden Deutschen gescheitert.
Das Versuchsgelände wurde aufgebrochen,
die Population konnte entweichen,
der Versuch mußte abgebrochen werden,
und heute stecken wir im Übergang
vom Spät-Sozialismus zum Früh-Kapitalismus
voll in der Scheiße.«
Kakao mit Sahne.

Ausländerfeindlichkeit – oder: Skifahren in der Sahara

Die hatten ja in der DDR damals weniger Ausländer verteilt
als wir in Köln am Stück.
Also 0,5 Prozent in der DDR, 12,8 Prozent in Köln.

Aber trotzdem Ausländerfeindlichkeit.
Das ist doch auch für uns interessant,
daß die Ausländerfeindlichkeit immer noch da ist,
auch wenn es in dem Sinne fast gar keine Ausländer gibt.
Stellen Sie sich mal vor,
Sie sind leidenschaftlicher Skifahrer
und wohnen in der Westsahara.
Das scheint zu gehen.

Und das,
wo doch der Ausländer an allem schuld ist.
An der Arbeitslosigkeit,
an der Wohnungsnot,
an der verkorksten Wiedervereinigung,
an der CDU,
er ist ja alles schuld.
Und jetzt rufen in Ost und West überall welche:
Ausländer raus, Deutschland den Deutschen.

Dann stellen wir uns mal vor,
sagt der Ausländer:
»Jut, macht euern Driss allein,
simmer weg!«

Dä.
Ausländer weg,
Probleme immer noch da.
Sogar ein paar ganz erhebliche dazu.

Dann ist es wirklich blöd.
Wenn sie alle weg sind,
dann war es doch der Deutsche.
Aber wer?

Einer muß es ja sein.
Aber wer? ...

Der Behinderte.
der Behinderte ist an allem Schuld.
Die nehmen uns die Arbeitsplätze weg.
Die nehmen uns die Wohnungen weg.
Die nehmen uns die Rollstühle weg.
Die nehmen uns die Parkplätze weg.
Diese ganzen Behindertenparkplätze.
Da muß der deutsche Familienvater abends nach der Arbeit
erschöpft fünfmal um den Block fahren,
findet keinen Parkplatz,
aber der Behinderte hat einen.
Man kann doch einem Behinderten
keinen Parkplatz geben,
wenn man selber keinen hat.

Jut, sät dä Behinderte,
maat euern Driss allein,
simmer och fott.

Dä.
Behinderte weg,
Probleme immer noch da.

Wen nehmen wir jetzt?
Einer muß es ja sein.
Aber wer?

Der Briefträger!
Alles Schlechte kommt vom Briefträger.
Haben Sie das noch nicht gemerkt?
Todesanzeigen.
Mahnbescheide.
Rechnungen.
Entlassungen.
Knöllchen.
Einstweilige Verfügungen.
Der Überbringer ist immer auch Täter.
So Briefträger sind ja von Natur aus gar nicht vorgesehen.
Die Natur, die wehrt sich ja.
Der Hund, der bellt ja, wenn der kommt.

So Briefträger sind auch ne ganz andere Kultur.
Die passen ja gar nicht hierhin.
Da müssen Sie mal gucken,
wenn die morgens losziehen
mit ihren blauen Säcken
und komischen Karren.
Das sind doch Nomaden.
Die ziehen ja umher.

Ich hab sogar gehört,
die pinkeln in die Büsche.
Ich hab es selber nicht gesehn,
aber ich hab sogar gehört,
die scheißen auf den Bürgersteig.
Hab ich selber nicht gesehn.
Aber hab ich gehört.
Das ist ja klar,
wenn die den ganzen Tag unterwegs sind,
daß die auch mal müssen.
Das kann ja nicht alles von den Hunden sein.

Aber dann dürfen die sich auch nicht wundern,
wenn dann der Bürger sagt,
daß das so nicht geht.
Ich mein,
ich bin jetzt nicht briefträgerfeindlich.
Das nicht.
Ich hab nix gegen Briefträger.
Ich kenne sogar einen,
der ist ganz nett.
Aber wenn das jeder machen würde.
Wir sind doch kein Zustellerland.
Da sind doch auch viele Scheinbriefträger dabei.
Die wollen doch hier nur ihr Geld verdienen.
Da wird doch auch viel Mißbrauch mit betrieben.
Die ganzen Werbesendungen.
Pseudobriefe,
alles Mißbrauch.

Und eben,
weil da auch Mißbrauch mit betrieben wird,
schaffen wir gleich die ganze Post ab.

Ein Tritt in den Arsch auf französisch

Apropos
Change la vie,
Change la ville:
Vor den Preußen waren ja die
Franzosen in Köln,
und die haben das Leben und die Stadt
ja bekanntermaßen radikal verändert,
denn in Köln hatte sich
seit dem Mittelalter
fast nix getan.

Die Kölner haben nicht gesagt:
Ausländer raus.
Die haben gesagt: Alle raus!
Alle, die nicht katholisch
und kölsch sind.

Man muß sich das mal vorstellen:
Als die Franzosen 1794 hier
einmarschierten,
kackten die Kölner selber noch
auf die Straße.
»Na Jung, wie es et?«
»Och, et kütt wie et kütt.«

Hier liefen die Schweine frei rum,
der Müll flog einfach aus dem Fenster.
Dem Klerus gehörte fast 60 Prozent
des Bodens.
Es gab auch keine Straßenbeleuchtung,
weil das ein Eingriff
in den natürlichen Heilsplan
Gottes sei.
Die Pfaffen hatten die Stadt
im mittelalterlichen Würgegriff.
Von der Metropole des Abendlandes
war nix mehr zu merken.

Und dieses finstere, miese, versiffte Kaff
haben die Franzosen mit einem
Tritt in den Arsch in die Moderne befördert.

Erstens: Mehr Immis,
Zuzugsrecht für Juden und Protestanten.
Ab da ging es auch wirtschaftlich wieder aufwärts.
Der Kölner ohne Immi ist nämlich eine Katastrophe,
der ersäuft in seiner heimat-klerikalen Pampe.

Zweitens: Kirche enteignen.
Da müßte man heute teilweise auch noch mal ran.

Des weiteren Müllent- und Wasserversorgung,
öffentliches Krankenhaus,
erster Zentralfriedhof 1810 auf Melaten.
Da war ja vorher
die alte Hinrichtungsstätte und Siechenstation.
Melaten kommt ja von malatus = krank.
Oder wie der Franzose sagt:
»Je suis malade.«
Deswegen macht der Kölner
aus malad – malaise – Malätzigkeit.
Wenn man wegen Malätzigkeit
an einer späten Feierstunde nicht teilnehmen kann,
ist ja schad.

»Op einmal wodt gesaht,
dä Antun wör malätzig,
dä hät sich alt gelaht.«

Durch den Melatenfriedhof wurde die Aachener Straße
zur Beerdigungsstrecke Nummer eins.
Die mußten ja dann alle durch das Hahnentor,
durch die Porte des Coqs, da raus.
Daher kommt auch der Spruch:
Met de Föß voröp durch de Hahnepooz.

Also wenn man mit den Füßen zuerst
durch das Hahnentor geht,
dann es mer ne Duudekopp.

Das singen viele Kegelvereine heute noch:
Und sie trugen einen Toten an de Hahnepooz erus.
Das singen die,
wenn man verloren hat.

Sie merken:
In Köln wird der Tod zwar hin-,
aber nicht unbedingt ernstgenommen.

»Nä«, sät dä Schäng,
»ich darf noch nit stirve,
ich muß noch aach Aaschlöcher am drieße halde.«
Ich darf da für die Westfalen mal übersetzen:
Ich darf noch nicht sterben,
ich habe noch acht Mäuler zu stopfen.

Der Heimathirsch und die Nazizeit

Der Kölner sieht es von den Ausscheidungen her
und es kommt ja auch aufs selbe raus.
Da haben wir auch ein herrliches Lied,
noch von der Jahrhundertwende,
so alt ist das schon:

»Äätze, Bunne, Linse,
jo dat sinnse,
jo dat sinnse.«

Erbsen, Bohnen, Linsen.
Ein frischer Magenwind aus Hülsenfrüchten.
Der Furzer ist ein Magenwind,
der nicht recht den Ausgang find.
Und wenn es bei uns zu Haus samstags Linsenzupp jit,
und dan kriecht das dann abends im Bett so heiß aus einem raus,
dann heb ich ja nicht das Plümo hoch und laß das weg.
Näh, dat laß ich da drunter
und tu dann schön durch die Nase inhalieren.
Dat riecht ja herrlich heiß.

Meine Frau sät zwar immer: Du ahl Sau!
Aber ich sach mir: Wieso,
is doch von mir.

Und deshalb haben wir ja auch das herrliche Lied.
Äätze, Bunne, Linse,
dat sinnse, dat sinnse ...

Das haben wir auch in der Nazizeit gesungen,
zum Beispiel im Gürzenich auf der Sitzung
der Großen Karnevalsgesellschaft.
Ich meine, das war 1937,
und das hatte der Nazi sehr gerne,
weil das den Eintopfgedanken förderte.

Ich weiß nicht,
ob Sie das wissen.

Das war ja seinerzeit eine völkisch-deutsche Tat,
wenn man Eintopf gegessen hat.
Der Führer hatte damals verordnet:
An ganz bestimmten Sonntagen
sollte das ganze deutsche Volk
nur Eintopf essen,
und den Differenzbetrag zu einem Sonntagsbraten
an das Winterhilfswerk spenden.
WHW. Wir hungern weiter.

Obwohl:
vom Winterhilfswerk hatten wir auch mal
einen sehr schönen Pelzmantel.
Da war noch so ein Schild drin
von der Vorbesitzerin,

Sarah Winterstein, Prag.
Ich weiß nicht,
wie der da weggekommen ist.
Das haben wir natürlich rausgetrennt.
Den haben wir noch bis in die 60er Jahre getragen.
Das war ja so gesehen ein schönes Andenken.

Das mit dem Eintopf war natürlich auch,
damit die Soldaten an der Front
auch mal was Ordentliches bekamen.
K.O. om Feld,
schlon Hunger un Kält:
»Äätze, Bunne, Linse,
jo dat sinnse ...«

Da gab es ja dann
auch so öffentliche Eintopf-Schauessen,
wie das vom Propagandaminister und vom Führer
am Pichelsteiner Topf.
Die haben das quasi vorgekaut,
damit dem Volk das nicht im Halse stecken bleibt.

Der Goebbels hatte damals gesagt:
»Der Nationalsozialismus
ist eine gute deutsche Hausmannskost,
ein Eintopfgericht.«
Und deswegen sollten wir
auch immer dieses Lied singen:

»Äätze, Bunne, Linse,
dat sinnse dat sinnse.«

Haben wir natürlich gerne gemacht,
weil das so schön groovt,
wie die Jugend sich heute ausdrücken würde.
War immer Bombenstimmung im Saal.

Ja nu, ich mein,
uns dürfen Sie keinen Vorwurf machen.
Wir haben den Hitler doch nicht gewählt,
also ich war immer Zentrum.
Überhaupt hatte der Hitler hier
im Raum Köln-Aachen das schlechteste Ergebnis
vom ganzen Bundesgebiet, äh Reichsterrain.
Wir lagen immer 10 Prozent unterm Schnitt.
Also, wir haben den Kerl nicht gerufen.

Zugegeben, Widerstand war auch nicht soviel.
Aber mein Gott,
das liegt uns eben nicht.
Mir klääve am Leeve,
natürlich in erster Linie am eigenen.
Jede Jeck is sich selbst anders.

Gut, einige haben ja doch was gemacht.
Zum Beispiel der Kollege Karl Küpper,
der stund '39 im Gürzenich in d'r Bütt,
streckte die Hand zum Hitler-Gruß und fragt:
»Es et am rähne?«
Dann ballte der die Faust und murrte:
»Nää, su e Wedder!
Ich han en Krakehlkopfentzündung,
fünf Zäng, die mohten eraus,
die han ich m'r durch de Nas trecke loße.
Ich mache de Muhl nit mie op!«

Das war Paragraph 2, das Heimtückegesetz.
Der bekam lebenslanges Redeverbot.
Gott sei Dank
hat er das »Tausendjährige Reich« überlebt.
Danach hät er dann widder jeschwaat.
Einmalig.

Aber bei den Edelweißpiraten war das nicht so.
Die waren da zum Teil gerade mal 16 Jahre alt,
das war doch keine schöne Jugend.
Ich hab immer gesagt,
die jungen Leute
sollen sich nicht so hängen lassen.
Also selbst, wenn man da ein Faible für hatte,
für den Widerstand,
so was muß einem ja liegen.
Selbst dann war es ja Unsinn,
man hatte ja gar keinen Rückhalt in der Bevölkerung.
Das merk ich doch an mir.

Sehnse mal,
die Nazis waren halt nun mal da,
da muß man sich halt wieder arrangieren.
Haben die Kölner immer gemacht.
Wir haben dann so Karnevalswagen gebaut,
der Nazi wollte ja auch mal was Schönes sehn.
Die letzten Juden packen die Koffer,
in Jaffa oder Paris,
da ist es auch nicht fies.

Sicher, das klingt heute unvorteilhaft,
aber andererseits,
die Nazis haben es ja nicht geschafft,
unsern Karneval in »Kraft durch Freude« rein zu tun.
Die wollten uns ja unbedingt gleichschalten.

Zugegeben, der Jude war dann hinterher weg.
Erst schäl Sick: Messe Köln-Deutz,
und dann waren ja da die Güterwaggons.

Aber beim Karneval gab es den Aufstand der Narren,
da haben wir vehement gesagt:
»Nicht mit uns.«
Denn »Kraft durch Freude«,
das ist ja Quatsch.
»Aus Spaß an der Freud«,
so hätte das heißen müssen.
Aber in dem Punkt sind die Nazis ja auch
nevven dr Kapp gewesen.

»Kraft durch Freude«,
das ist ja hochdeutsch.
So was ist mit dem Kölner Karneval nicht zu machen.

Der Willi Ostermann allerdings,
hat schon für die gearbeitet.
Das hat die Nazis natürlich sehr gefreut,
und die hatten leichtes Spiel mit dem.
Der kam zum Beispiel eines Abends zur Skatrunde
und hatte das NS-Parteiabzeichen am Revers.
Sein jüdischer Mitspieler meinte:
»Wat es, Fuss!
Du och met dem Dinge?«
Da wurde der Ostermann patzig:
»Ja, leeven Jott!
Soll ich mer dann wäjen dir en Matze dohin hange?«
Also: Soll ich mir wegen dir ein jüdisches Osterbrot
dahin hängen?

Ja, das ist die kölsche Art,
da nimmt man halt alles nicht so ernst.
Und nach dem Kriege,
da haben wir schon '49
wieder einen Karnevalszug gemacht,
schön durch die Trümmerwüste hindurch.
Das war wunderbar,
wir brauchten ja gar keine Tribünen,
die Leute konnten schön auf den Schutthaufen sitzen,
hatten einen wunderbaren Blick über die Stadt.

Und wir haben gesungen:
»Et hät noch emmer jot jejange«
und natürlich:
»Äätze, Bunne, Linse,
jo dat sinnse,
jo dat sinnse.«

Fringsen

Ich hab hier übrigens noch eine Reliquie
aus der Nachkriegszeit,
aus dem Winter 46/47.
Das ist ein Stück von einer
original gefringsten Kohle.

Der Erzbischof Josef Kardinal Frings
hat in seiner Silvesterpredigt 1946
einen folgenschweren Satz gesagt:
»Wir leben in Zeiten,
wo in der Not
auch der einzelne das wird nehmen dürfen,
was er zum Erhalt seines Lebens
und seiner Gesundheit notwendig hat,
wenn er es auf andere Weise nicht erlangen kann.«

Für die Kölner
wurde dadurch der Kohlenklau sanktioniert.
Sie gingen fringsen,
das war das neue Wort für Klütte kläue.
»Isch han drei Säcke jefrings.«

Heimat – stationär oder ambulant?

Nach dem Krieg wurde ja dann vielen klar,
daß es Heimat in zwei Ausführungen gibt.
Einmal stationär,
aber auch ambulant.

Und dafür sind ja bis heute die
Schlesier- und Vertriebenenverbände zuständig.
Die entsprechen ja von ihrer Kulturtätigkeit her
dem Heimatverein Alt-Köln
und den ganzen Mundartpflegevereinen.
Heimattreu im Sinne von wertkonservativ,
um mich mal vorsichtig auszudrücken.

Nur daß sie eben hauptberuflich vertrieben sind.
Bis zum heutigen Tag.

Nur im Moment ist es bei denen so ruhig geworden,
und das muß ja einen Grund haben.
Ich kann es Ihnen sagen:
In diesem Bereich
findet momentan eine Umstrukturierung statt,
und ich weiß, wovon ich spreche.
Ich bin nämlich jetzt selbst Mitglied.
Ich hab Ihnen das noch gar nicht erzählt,
meine Damen und Herren,
ich bin im BDB.

Das werden vielleicht einige noch nicht kennen,
BDB ist der Bundesverband der Beleidigten.
Meine Eltern sind damals mal beleidigt worden,
bzw. meine Eltern jetzt so direkt nicht,
also meine Urgroßeltern mütterlicherseits,
das heißt,
es waren mehr die Vorfahren meiner Urgroßeltern,
die sind damals beleidigt worden
und haben sich dann organisiert
in der Landsmannschaft der Beleidigten.
In die Ober- und Unterbeleidigten.
Ich bin heute im Bundesvorstand der Beleidigten.

Ich mein, gut,
ich selbst bin jetzt so direkt
nicht beleidigt worden,
aber ich kenne die Beleidigung
vom Hörensagen,
ich weiß schon so ungefähr,
worum es geht.

Wir machen heute eine sehr schöne Jugendarbeit.
Wir haben eine sehr ausgeprägte Beleidigten-Kultur.
Beleidigtentänze,
Beleidigtenwürstchen,
am bekanntesten ist vielleicht
die beleidigte Leberwurst.

Ich würde Sie auch gerne
zu unserem großen Deutschland-Treffen
der Beleidigten einladen,
aber leider hat das Land Niedersachsen
uns die Zuschüsse dafür gestrichen.
Insofern sind wir jetzt
noch beleidigter als vorher.

Wir geben auch eine Zeitschrift heraus:
Die heißt »Der Beleidigte«.
Die hat auch eine Frauenseite.
Die heißt »Die Beleidigte.«
Wir weisen in dieser Zeitschrift
regelmäßig darauf hin,
das ist uns sehr wichtig,
daß, wenn jetzt jemand
irgendwann mal beleidigt worden ist,
daß wir dafür Sorge tragen,

daß die Beleidigung
nicht bereits in der fünften Generation
schon wieder vergessen ist.
Sonst lohnt sich so eine Beleidigung ja kaum.
Die Zeitschrift erscheint übrigens monatlich,
ist vorne im Foyer erhältlich,
kostet vier Mark,
für beleidigte Studenten drei Mark.

Meine Damen und Herren,
ich danke für Ihre Aufmerksamkeit!

Klerus – Knochen – Klüngel

In der Gegenwart angekommen,
wollen wir mal eine Zusammenfassung versuchen:

Aus dem Vielvölkergemisch der Römer
und den Kollaborateuren und Magglern der Ubier
entwickelte sich,
unter weiterem Aufheiraten Zugereister,
eine Stadt der Händler, Kaufleute und Gastwirte.
Hier wurde weniger produziert als verkauft.
Die Händler waren die tragende Schicht in Köln,
nicht die Handwerker und Arbeiter.

So war Köln auch die erste deutsche Stadt,
die das Stapelrecht erkämpfte und bekam.
Jeder durchreisende Kaufmann,
und das waren durch den Rhein sehr viele,
war verpflichtet,
seine Waren hier auszuladen, zu stapeln.
Daher Stapelhaus.
Die Kölner erhielten dann ein Vorkaufsrecht
und hatten dadurch
immer preiswert guten Wein und frischen Fisch
auf dem Tisch.
Prima leben und stapeln.
Eine sehr komfortable Art des Raubrittertums.
Was soll man umherschweifen,
wir haben den Rhein,
uns wird alles gebracht.

Der zweite Marktvorteil
war der unbefangene Umgang
mit den heiligsten Dingen.
Eine gewisse antiklerikale Haltung
ermöglichte dem Kölner,
das Handelsverbot der Kirche

im Maggeln mit Knochen wirkungsvoll zu unterlaufen.
Sie glaubten nichts,
verkündeten aber alles.

Und aus diesen drei Elementen: Kollaborieren,
also nicht Schießen,
sondern Geschäfte machen,
dem Knochenhandel und dem Stapelrecht
entsteht das wichtigste Produkt dieser Stadt:
der Klüngel.

In anderen Städten
gibt es so was Ähnliches zwar auch,
aber da ist das nicht positiv besetzt.
Da heißt das Filz oder Seilschaft,
oder hat andere fiese Wörter.
Aber hier sagt der Oberstadtdirektor
bei seiner Antrittsrede:
»Nehmt mich auf in euren Küngel.«
Das sagt der vor allen Leuten.
In Wirklichkeit steckt er natürlich schon längst drin,
sonst stünde er ja nicht da.

Tünnes

Wenn man das Geschäftliche jetzt mal beiseite läßt
und versucht,
die Seelengeschichte der Stadt zusammenzufassen,
macht man das am besten mit dem Spruch:
»Züri brennt – Köln pennt.«

Im Kölner steckt etwas von einem Stoiker.
Ob Römer, Hunnen, Preußen,
Erzbischöfe, Kaiser, Kardinäle, Päpste,
hier hat man ja so manchen Idioten
ein- und ausziehen lassen.
Aber man regt sich nicht unnötig auf,
auch wenn es aufregend zugeht.
Ich habe hier dazu eine kleine Geschichte
aus Heinrich Lützelers
»Philosophie des Kölner Humors«:

Der Kölner sitzt mit seinen Sprößlingen im Nichtraucherabteil
und qualmt mächtig aus der Pfeife.
Eine mitfahrende Dame sagt höflich zu ihm:
»Entschuldigen Sie, mein Herr. Hier ist Nichtraucher.«
Der Kölner sagt gar nichts,
sondern pafft einfach weiter.
Die Dame geht zum Schaffner,
und der sagt es etwas deutlicher:
»Haben Sie nicht gehört, hier ist Nichtraucher!«
Der Kölner pafft ruhig weiter.
Der Schaffner geht zum Zugführer,
und der kommt hereingebraust und sagt:
»Zum Donnerwetter, hier ist Nichtraucher!
Wenn Sie nicht augenblicklich zu rauchen aufhören,
dann passiert Ihnen was.«
Die Worte »passiert Ihnen was« lösen dem Kölner die Zunge.
Der Schweigsame öffnet den Mund und spricht:
»Wat soll mir schon passiere?
Ming Frau wor op dem Haupbahnhoff op dem Höffje,
mooht ens driesse und hätt dä Zoch verpass.

Dä Klein hätt am Finster eruss jeluurt,
un sing Mötz es fottjefloore.
Et Elke hätt et Himbeerwasser
op et wiesse Kleidche jeschött.
Dat Pitterche hätt jet en de Botz jemaaht.
Et Rosa hätt sämtlije Billjette verloore.
Mer sitze all em falsche Zoch.
Un ich hann keine Penning Jeld en dr Täsch.
Wat sull mir schon passiere?«

Sehen Sie, das ist nicht einfach eine Geschichte,
das ist Lebensweisheit.
In schwierigen Lagen
kann man sich diese Geschichte erzählen,
und man bekommt wieder Mut.

Einmal fuhr der Autor von Bonn
ins zerstörte Nachkriegsköln
und mußte auf den Anschlußzug sechs Stunden warten.
»Wo hingehen in dieser menschenleeren Stadt?
Ich dachte mir, gehste zu Freunden
am Reichensperger Platz.
Aber, wie dort hinkommen?
Wie durch ein Wunder
kam ne Elektrische angefahren,
natürlich ohne Beschilderung.
Ich fragte den Fahrer:
'Entschuldigen Sie',
wie komme ich zum Reichensperger Platz?'
Er maß mich ruhig von oben bis unten,
wahrscheinlich schätzte er meine Intelligenz ab.
Die Prüfung muß negativ ausgefallen sein,
denn er sagte ruhig,
aber bestimmt:
'Am besten met de Bahn.'
Ich fragte noch nervöser:
'Ja kann ich denn mit Ihnen fahren?'
Mit stoischer Ruhe antwortete er:
'Dat es mer ejal.
Ehr künnt och op de nächste wahde!'«

Die Züge des Lebens
werden wieder schön

Niemand ist angemeldet,
alle kommen einfach nur so.
Mit Pauken und Trompeten,
Pänz und Posaunen,
Hören und Staunen,
aber ohne Vorstand.
Kein festordnendes Komitee,
kein Schirmherr,
kein Präsidium.

Statt dessen jede Menge Dirnen.
Die Damen von Stavenhof und Gereonswall
stehen hoch auf ihrem Huren-Wagen,
und singen:
»Wer hat noch nicht,
wer will noch mal.
Es sind noch Nutten da,
es sind noch Nutten da.«

Der Eigelstein jubelt ihnen zu:
»Rita Schnell,
se wollen üch an't Fell!«

»Wir bleiben da,
wir bleiben da.
Un nächs Johr simmer Prinzenpaar.«

Ein türkisches Dreigestirn
aus der Weidengasse ruft:
»Unser Prinz ist Kurde.
Das wär doch noch vor Monaten
undenkbar gewesen.«
Ein dreifaches »Kölle – Gülle Gülle«,
gefolgt von einer anatolischen Rakete,
die keiner versteht,
außer sie selber.

Aber alle rufen:
»Dreimal null es null es null,
denn mer woren met dem Yüksel en d'r Scholl!«
»Der Willi hät de Hungersnot,
schmeißt ihm noch ein Fladenbrot.«

Eine Behinderten-Fußgruppe
singt aus ihren Rollstühlen:
»De Föß sin lahm,
d'r Ärm kapott.
Doch et hätt noch immer jot jejange.«

Zwei Witwen
liegen stundenlang in den Fenstern
und sagen immer wieder:
»Wie in der Notzeit,
man hatte ja nichts.«

Acht Ghanesen und Schwarzafrikanerinnen
biegen sich vor Lachen
und beteuern den Poller Negerköpp:
»Wir sind keine Kölner Stämme,
wir sehn immer so aus.«

Jetzt kommen die Friedensbewegten
mit ihren Ölfässern.
»Deutsche Waffen,
deutsches Geld,
morden mit in aller Welt!
Kein Blut für Öl,
kein Flöns für Öllisch.«
»Ihr habt ja recht«,
ruft ein desertiertes Funkemariechen,
»aber wo ist denn da der Witz?«
»Jo, hammer verjesse,
mache mer nächs Johr.«

In diesem Moment
fällt dem Mariechen
Klaus der Geiger sternhagelvoll
aus dem Kornbrenner vor die Füße,
und lächelt:
»Der Himmel hängt nicht voller Geigen.«

»Äver opjepass: Mariechen danz!«,
ruft der Wirt,
und die Straßenmusiker blasen
»Ajuja, Ajuja, jetzt jeht et widder Ajuja.«

Die Penner aus der Annostraße
schieben ein buntes Schrottauto vor sich her
und rufen:»Männer wie wir fahren R4«.

Alles, was Rang und Namen hat
in dieser Stadt,
sprudelt durch die Straßen.

Die AIDS-Kranken singen:
»Bis zum Grab auf Melaten,
da ist es noch was hin.
Drum freut euch des Lebens,
nur so hat es Sinn.«

Die Transsexuellen und Homoerotischen
tanzen Arm in Arm mit dem Erzbischof
und rufen:
»Wir vergeben dir,
du dummes Schwein.«

»Ja, wie konnte ich auch nur so blöd sein«,
sagt der heilige Mann
und verführt die schöne Lilli in Ekstase.

Kein Festkomitee,
kein Zugführer,
kein Präsidium,
kein Lach- und kein Weinzwang.
Man muß nichts,
darf aber alles.
Und weil man alles darf,
muß man nicht alles.

Bis alles
in die letzten Winkel und Gassen schwadroniert.
Durch Säle und Sakristeien
Klos und Kanzleien,
bis in die Hirne und Herzen.

Und irgendwann
weiß keine Sau mehr,
wann das alles mal angefangen hat.

»Wo ist denn hier die Zugauflösung?«,
fragt ein verwirrter Prokurist im Adamskostüm.
»Das geht jetzt schon so lang.«
»Zieh Dir was an!«
sagt die dicke Madame,
»denn morgen ist schon wieder Weiberfastnacht.«
Und alles vereint sich wieder auf dem Altermarkt.

Ohne Vorstand,
ohne Präsidium,
ohne Ansprache.
Keiner redet mehr von Utopie,
denn wir sind Utopie.

Bis der Rhein
eines Tages über die Ufer tritt,
uns alle mitnimmt,
und wir dem Dom
unsere letzten Worte
zurufen:
»Näh – wor dat ne schöne Session!«

Zur Aushilfe

Wir sollten jetzt langsam Schluß machen,
weil das ist ja hier eigentlich eine Kneipe.
Das Kabarett läuft ja nur so nebenbei.
Dann werden vorher mal eben
die Tische zur Seite gestellt,
ein paar Stühle gerückt,
und hinterher ist dann wieder Essen und Trinken.
Ich mach das also quasi nur zur Aushilfe hier.

Ich mach ja überhaupt alles nur zur Aushilfe.
Schon mal beim Funk ein Nümmerchen,
aber ich bin da nicht fest angestellt.
Wie gesagt,
nur zur Aushilfe.

Ich war auch schon mal im Fernverkehr,
als Fahrer.
Da hab ich immer so Druckfarben ausgeliefert,
Amsterdam, Pirmasens, Bielefeld, Stukenbrock.
Nicht fest,
nur zur Aushilfe.
Oder so Dachgeschosse ausbauen
mit Rigips-Platte oder Nut und Feder.
Hab ich auch schon gemacht,
aushilfsweise.

Und im Spätherbst
hab ich öfter Zuckerrüben gefahren,
mit Trecker und zwei Anhängern,
von Widdersdorf nach Bedburg,
Elsdorf oder Brühl zu Pfeiffer & Langen.
Das hab ich sehr gerne gemacht.
Ich kann ja stundenlang Trecker fahren.
Aber wie gesagt,
nur zur Aushilfe.

Oder ich mach jetzt so Straßenbahnführungen,
mit Martin Stankowski bei VHS&KVB.

Das macht auch viel Spaß,
aber nur ab und zu mal zur Aushilfe.
Oder Elferrat im Karneval,
alles Aushilfe.

Und wenn mich einer fragt,
was bist du von Beruf?
Dann sag ich immer,
Aushilfe.

Wie?
Als Köbes beim Sion,
oder beim Desuma hinter der Fleischtheke?

Näh.
Das ist ein Lehrberuf.
Das kann ich nicht.
Ich bin ja die integrierte Gesamt-Aushilfe.

Wie? Kann man das studieren?

Nein,
Aushilfe kann man nicht studieren.
Als Aushilfe wird man geboren.
Ich war ja schon als Kind nur Aushilfe.
In der Schule zum Beispiel war ich auch nur zur Aushilfe.
Also ich mein, es war zwar Schulpflicht,
und ich war auch all die Jahre durchgängig anwesend,
aber nur körperlich.

Gedanklich war ich nur hin und wieder in der Schule,
ab und zu mal zur Aushilfe,
aber meistens ganz woanders.
Es wunderte mich auch überhaupt nicht,
daß ich einmal eine Klasse wiederholen mußte.
Zwei, wenn ich ehrlich bin.
Natürlich auch nur zur Aushilfe.

Bis mir eines Tages klar war:
Ich kann eigentlich nix richtig,
aber alles zur Aushilfe,
und das macht mir komischerweise
gar nicht so viel aus.
Im Gegenteil.

Ich werd das jetzt bis ins Alter durchziehen.
Und wenn dann
der Arzt an mein Bett kommt und sagt:

»Herr Becker,
Sie haben nur noch ein paar Tage zu leben.
Es geht zu Ende mit Ihnen.«
Dann sag ich:

»Das macht nix,
Herr Doktor,
ich war ja nur
zur Aushilfe da.«